INVENTARIO DE PRÁCTICAS DE LIDERAZGO

IPL

Tercera edición

LIBRO DE TAREAS DEL PARTICIPANTE

10 pasos para comprender y utilizar los comentarios y sugerencias de su IPL

JAMES M. KOUZES

BARRY Z. POSNER

Pfeiffer

A Wiley Imprint

www.pfeiffer.com

Publicado por Pfeiffer
Una editorial de John Wiley & Sons, Inc.
989 Market Street, San Francisco, CA 94103-1741   www.pfeiffer.com

Los libros y productos de Pfeiffer están disponibles en la mayoría de las librerías. Para contactarse
con Pfeiffer directamente llame a nuestro Departamento de Atención al Cliente dentro de EE.UU.
al (800) 274-4434, fuera de EE.UU. al (317) 572-3985 o comuníquese por fax al (317) 572-4002.

Pfeiffer también publica sus libros en una variedad de formatos electrónicos. Algunos contenidos
que aparecen impresos es probable que no estén disponibles en formato de libros electrónicos.

ISBN: 9780787998035

Editora compradora: *Lisa Shannon*
Directora de desarrollo: *Kathleen Dolan Davies*
Editora de desarrollo: *Janis Chan*
Editora: *Rebecca Taff*
Editora de producción senior: *Dawn Kilgore*
Supervisor de fabricación: *Bill Matherly*
Diseño interior: *Yvo*

Impreso en los Estados Unidos de América

Impresión   10   9   8   7   6   5   4   3   2   1

CONTENIDO

Introducción   Aproveche al máximo los comentarios
y sugerencias de su IPL   1

PASO 1   Evalúe sus primeras impresiones   3

PASO 2   Analice la consistencia   5

PASO 3   Busque patrones y escuche los mensajes   9

PASO 4   Busque clarificación   15

PASO 5   Concentre sus esfuerzos de desarrollo   17

PASO 6   Imagine su Autoevaluación futura ideal   19

PASO 7   Supere las barreras y los problemas   21

PASO 8   Planifique los pasos siguientes   23

PASO 9   Asuma un compromiso público   31

PASO 10   Prepárese para compartir sus comentarios
y sugerencias   35

ACERCA DE LOS AUTORES   39

INTRODUCCIÓN

Aproveche al máximo los comentarios y sugerencias de su IPL

Aquellos que son los mejores en liderar también son los mejores en aprender. Los líderes ejemplares no se duermen en los laureles ni se fían de sus talentos naturales. Cualesquiera sean los estilos de aprendizaje individuales, ellos continuamente hacen más cosas para mejorar.

Si quiere llegar al máximo de sus posibilidades, debe convertirse en un gran alumno. Aquí hay algunos consejos sobre cómo puede obtener el mayor aprendizaje del proceso IPL.

1. BUSQUE LOS MENSAJES, NO LAS MEDICIONES. Hay mucha información en su informe de comentarios y sugerencias del IPL. Puede estar recibiendo comentarios y sugerencias de su gerente, sus subordinados directos, sus pares y otras personas con las que usted interactúa. De hecho, es probable que hayan más de trescientos números diferentes en el informe. Es fácil perderse en todos esos detalles. No deje que la información lo abrume. Concéntrese en los mensajes, no en las mediciones. Pregúntese en forma constante, "¿Qué están tratando de decirme los demás acerca de mi comportamiento de liderazgo?" "¿Dónde veo consistencias e inconsistencias en la información?" "¿Dónde hay patrones que indiquen cómo ven mi liderazgo los demás?" Tome los comentarios y sugerencias del IPL no como una tarjeta de informe, sino como información válida y útil que lo ayudará a mejorar.

2. ACEPTE LOS COMENTARIOS Y SUGERENCIAS COMO UN OBSEQUIO. Los comentarios y sugerencias quizás no vengan envueltos con un moño atado, pero constituyen de todas formas un obsequio, quizás uno de los obsequios más valiosos que reciba en su vida. ¿Por qué? Porque sabemos por nuestras investigaciones que aquellos líderes que están más abiertos a recibir comentarios y sugerencias son mucho más efectivos que aquellos líderes que se resisten a escuchar las perspectivas de otras personas sobre su comportamiento.

3. TOME LOS COMENTARIOS Y SUGERENCIAS SERIAMENTE. Las personas se preguntan con frecuencia, "¿Habrá realmente alguna

diferencia si aumento la frecuencia de los comportamientos que mide el IPL?" Nuestras investigaciones—y las de aquellos que han utilizado nuestro instrumento—consistentemente muestran los mismos resultados: Cuanto más frecuentemente se demuestran los comportamientos incluidos en el IPL, hay mayores posibilidades de que lo consideren un líder efectivo.

4. CONFÍE EN LOS COMENTARIOS Y SUGERENCIAS. Cuando estábamos desarrollando el IPL , llevamos a cabo una cantidad de pruebas para determinar si el instrumento tenía propiedades psicométricas sólidas. Nuestras pruebas confirmaron que el IPL tiene confiabilidad interna. Ello significa que las seis afirmaciones que corresponden a cada Práctica de liderazgo están altamente relacionadas entre sí.

   La confiabilidad de la prueba/repetición de la prueba también es alta. Ello significa que los puntajes de una entrega del IPL a otra dentro de un lapso de tiempo corto (unos pocos días o incluso meses) y sin ningún evento significativo que intervenga (como por ejemplo un programa de capacitación en liderazgo) son consistentes y estables.

   Las cinco prácticas de liderazgo ejemplar® son generalmente independientes entre sí. Cada una mide distintos tipos de comportamiento, no los mismos comportamientos.

   El IPL tiene tanto validez de apariencia como validez predictiva. "Validez de apariencia" significa que los resultados tienen sentido para muchas personas. "Validez predictiva" significa que los resultados están significativamente correlacionados con varias mediciones de rendimiento y que pueden utilizarse para hacer predicciones acerca de la efectividad del liderazgo.

5. VALORE LAS DIFERENCIAS EN LAS PERSPECTIVAS DE SUS EVALUADORES. Usted es una persona tridimensional, y sus comentarios y sugerencias también deberían ser tridimensionales. Usted trabaja con personas provenientes de diversos ambientes y de diversas funciones y organizaciones. La información de estas múltiples perspectivas le permite ver de mejor manera cómo lidera grupos y situaciones. Valore lo que cada uno de sus evaluadores tiene para decirle porque cada uno de ellos le brinda una imagen un poco más completa de su persona.

6. PLANIFIQUE AHORA UNA NUEVA ENTREGA. Los grandes líderes fijan objetivos y solicitan comentarios y sugerencias. El IPL le brinda una imagen instantánea en el tiempo. Es un punto de partida desde el cual se puede seguir adelante. Le brinda gran cantidad de comentarios y sugerencias, nuevas ideas y un enfoque para liderar en formas más efectivas. Para realizar su enfoque y práctica con un gran propósito, decida ahora que volverá a entregar el instrumento dentro de un período específico—se recomienda entre seis y nueve meses. Trabaje con un instructor, facilitador o capacitador para que lo ayude a determinar el mejor momento para volver a entregar el instrumento.

PASO 1

Evalúe sus primeras impresiones

Cuando miró las respuestas del IPL por primera vez, ¿cuál fue su reacción inmediata? Marque las palabras del listado que aparece a continuación que expresan lo que sintió. Use los renglones en blanco para escribir otros sentimientos.

❑ Divertido   ❑ Satisfecho

❑ Desafiado   ❑ Aliviado

❑ Confundido   ❑ Sorprendido

❑ Decepcionado   ❑ Disgustado

❑ Degradado   ❑ Neutral—sin sentimientos fuertes

Otros: _____

Otros: _____

Otros: _____

Ahora describa su sentimiento *más fuerte* e identifique el motivo principal por el que se siente así.

_____

_____

_____

PASO 2

Analice la consistencia

La consistencia en el comportamiento es importante para su credibilidad personal. Les permite saber a los demás que pueden esperar que usted sea congruente en sus acciones de un momento a otro y con respecto a las diferentes personas o grupos. Saben qué esperar de usted.

- ¿Usted se autocalifica más alto, más bajo o casi de la misma forma que lo hacen los demás? En otras palabras, ¿en qué medida hay consistencia entre las calificaciones de la Auto-evaluación y las calificaciones de los Evaluadores? Marque los casilleros que correspondan a continuación.

  ¿Autoevaluación comparada con la del Gerente?

  ❏ Muy consistente ❏ Algo consistente ❏ Inconsistente

  ¿Autoevaluación comparada con la de los Subordinados directos?

  ❏ Muy consistente ❏ Algo consistente ❏ Inconsistente

  ¿Autoevaluación comparada con la de los Compañeros de trabajo?

  ❏ Muy consistente ❏ Algo consistente ❏ Inconsistente

  ¿Autoevaluación comparada con la de Otros Evaluadores?

  ❏ Muy consistente ❏ Algo consistente ❏ Inconsistente

- ¿En qué medida hay consistencia en las respuestas de todos los grupos de Evaluadores?

  ¿Evaluación del Gerente comparada con la de Otros grupos de evaluadores?

  ❑ Muy consistente ❑ Algo consistente ❑ Inconsistente

  ¿Evaluación de los Subordinados directos comparada con la de Otras personas?

  ❑ Muy consistente ❑ Algo consistente ❑ Inconsistente

  ¿Evaluación de los Compañeros de trabajo comparada con la de Otras personas?

  ❑ Muy consistente ❑ Algo consistente ❑ Inconsistente

  ¿Todos los Otros evaluadores?

  ❑ Muy consistente ❑ Algo consistente ❑ Inconsistente

- ¿En qué medida hay consistencia en las respuestas dentro de los grupos de Evaluadores?

  ¿Entre todos los subordinados directos?

  ❑ Muy consistente ❑ Algo consistente ❑ Inconsistente

  ¿Entre todos los compañeros de trabajo?

  ❑ Muy consistente ❑ Algo consistente ❑ Inconsistente

  ¿Entre todos los Otros evaluadores?

  ❑ Muy consistente ❑ Algo consistente ❑ Inconsistente

Existe una serie de explicaciones válidas para la inconsistencia en las respuestas. Por ejemplo, algunas personas lo conocen mejor porque interactúan con usted con mayor frecuencia. Hay diferentes personas que cumplen diferentes funciones y tienen necesidades diferentes. También puede ocurrir que usted se comporte de manera diferente con diferentes personas porque cree que es necesario tratarlas de forma diferente cuando en realidad no lo es. Es importante que entienda por qué las personas lo califican en forma diferente y que determine en qué medida necesita ser consistente.

- ¿Cómo explica las inconsistencias en los comentarios y sugerencias que obtiene?

_____

_____

_____

_____

_____

_____

_____

_____

_____

_____

_____

_____

_____

_____

_____

_____

_____

_____

PASO 3

Busque patrones y escuche los mensajes

Todo dato, ya sea que provenga del IPL o de otra fuente, sólo se trata de números o palabras hasta que entiende el verdadero sentido y puede convertirlo en información útil. Cuando mira una pintura impresionista desde unas pulgadas de distancia, por ejemplo, no ve más que unos puntos de color; sólo cuando se aleja es que aparece un patrón.

Aléjese de los datos y vea qué aparece. ¿Qué patrones ve? ¿Qué mensajes le brindan los datos?

Primero, observe la Calificación de comportamientos de liderazgo

En la página de Calificación de comportamientos de liderazgo del Informe de comentarios y sugerencias del IPL busque entre tres y cinco puntos en los cuales haya recibido las calificaciones más altas por parte de los Evaluadores (sus fortalezas). En la lista de Comportamientos de liderazgo organizados por práctica que aparece a continuación de esta página, coloque un signo (+) al costado de dichos puntos. Luego, busque entre tres y cinco puntos en los cuales haya recibido las calificaciones más bajas. Esos son los comportamientos en los que seguramente necesite mejorar más. Coloque un signo (–) al costado de dichos puntos.

- Al observar los comportamientos que marcó con un (+), ¿qué fortalezas aparecen? ¿En qué Prácticas o comportamientos específicos usted y sus Evaluadores están de acuerdo en que ocurren con mayor frecuencia? ¿Se registra algún patrón en relación con los puntos que se encuentran entre los *diez primeros* de la Calificación de comportamientos de liderazgo?

_____

_____

_____

_____

_____

_____

- Al observar los comportamientos que marcó con un (–), ¿qué áreas de desarrollo son aparentes? ¿En qué Prácticas o comportamientos específicos usted y sus Evaluadores están de acuerdo en que ocurren con menor frecuencia? ¿Se registra algún patrón en relación con los puntos que se encuentran entre los *diez últimos* de la Calificación de comportamientos de liderazgo?

_____

_____

_____

_____

_____

_____

COMPORTAMIENTOS DE LIDERAZGO ORGANIZADOS POR PRÁCTICA

Modelar el camino

_____ **1.** Pongo el ejemplo personal de lo que espero de los demás.

_____ **6.** Dedico tiempo y energía en asegurarme de que las personas con las que trabajo cumplan con los principios y estándares acordados.

_____ **11.** Cumplo con las promesas y los compromisos que asumo.

_____ **16.** Solicito comentarios y sugerencias sobre la forma en que mis acciones afectan el rendimiento de los demás.

_____ **21.** Creo consenso sobre un conjunto común de valores para administrar nuestra organización.

_____ **26.** Soy claro/a sobre mi filosofía de liderazgo.

Inspirar una visión compartida

_____ **2.** Hablo de las tendencias futuras que influirán en la forma en que llevamos a cabo nuestro trabajo.

_____ **7.** Describo una imagen convincente de cómo podría ser nuestro futuro.

_____ **12.** Apelo a los demás a compartir sueños emocionantes sobre el futuro.

_____ **17.** Les indico a los demás cómo pueden concretar sus intereses a largo plazo inscribiéndose a una visión compartida.

_____ **22.** Comunico una "visión global" de nuestras aspiraciones de logro.

_____ **27.** Hablo con verdadera convicción sobre la gran importancia y el propósito de nuestro trabajo.

Desafiar el proceso

_____ **3.** Busco oportunidades desafiantes para probar mis propias habilidades y capacidades.

_____ **8.** Desafío a las personas a que intenten formas nuevas e innovadoras de hacer su trabajo.

_____ **13.** Busco fuera de las fronteras formales de mi organización maneras innovadoras de mejorar lo que hacemos.

_____ **18.** Pregunto "¿Qué podemos aprender?" cuando las cosas no resultan como se esperaba.

_____ **23.** Me aseguro de que fijemos objetivos alcanzables, planes concretos e hitos medibles con relación a los proyectos iniciados.

_____ **28.** Experimento y asumo riesgos, aún cuando hay posibilidades de fracaso.

Habilitar a los demás para que actúen

_____ **4.** Desarrollo relaciones cooperativas entre las personas con las que trabajo.

_____ **9.** Escucho atentamente los diversos puntos de vista.

_____ **14.** Trato a las personas con dignidad y respeto.

_____ **19.** Respaldo las decisiones que las personas toman por su cuenta.

_____ **24.** Brindo a los demás la libertad y posibilidad de elección en cuanto a cómo hacer su trabajo.

_____ **29.** Me aseguro de que las personas crezcan en sus trabajos a través del aprendizaje de nuevos conocimientos y el desarrollo personal.

Alentar el corazón

_____ **5.** Elogio a las personas por un trabajo bien hecho.

_____ **10.** Le doy importancia al hecho de comunicarles a las personas que confío en sus capacidades.

_____ **15.** Me aseguro de recompensar a las personas de forma creativa por sus aportaciones a nuestro éxito.

_____ **20.** Reconozco públicamente a las personas que marcan un ejemplo de compromiso con los valores compartidos.

_____ **25.** Encuentro la forma de celebrar los logros.

_____ **30.** Brindo reconocimiento y gran apoyo a los miembros del equipo por sus aportaciones.

Ahora, vayamos a la Calificación de acuerdo a los percentiles

La página de Calificación de acuerdo a los percentiles del Informe de comentarios y sugerencias muestra la relación entre sus puntajes y los puntajes de los demás en nuestra base de datos.

- ¿En qué Prácticas sus calificaciones de acuerdo a los percentiles se encuentran entre los percentiles 70 y 100? ¿Y entre 30 y 70? ¿Y entre 1 y 30? Complete el cuadro que aparece a continuación.

Percentil	Modelar el camino	Inspirar una visión compartida	Desafiar el proceso	Habilitar a los demás para que actúen	Alentar el corazón
Debajo de 30					
Entre 30 y 70					
Entre 70 y 100					

- ¿Qué le dice la calificación de acuerdo a los percentiles sobre sus fortalezas y áreas de mejora en comparación con los demás líderes?

_____

_____

_____

_____

_____

_____

_____

_____

_____

Considere los comentarios y sugerencias de los demás

Ahora considere otros comentarios y sugerencias que haya recibido y otras observaciones.

- Usted pudo haber recibido comentarios y sugerencias sobre su comportamiento de liderazgo proveniente de otras fuentes— encuestas, evaluaciones orales y escritas de su gerente e interacciones con las demás personas. En ese caso, ¿qué relación existe entre los comentarios y sugerencias del IPL y los otros que haya recibido? ¿En qué puntos los mensajes son consistentes y en qué puntos difieren?

_____

_____

_____

_____

_____

_____

- ¿Qué otras observaciones sobre patrones y mensajes tiene en este momento? Escríbalas mientras estén frescas en su mente.

_____

_____

_____

_____

_____

_____

PASO 4

Busque clarificación

A veces usted no puede interpretar los comentarios y sugerencias que recibe y actuar en consecuencia fácilmente porque le resultan confusos. Por ejemplo, una persona puede calificarlo indicando que hace algo con frecuencia, mientras que otra puede decir que lo hace con poca frecuencia. La única forma en la que puede resolver estas situaciones es identificando los mensajes confusos y contradictorios y buscando la manera de esclarecer qué está sucediendo.

En otros casos, usted simplemente puede no tener suficiente información para tomar una decisión informada. Por ejemplo, usted puede tener doce subordinados directos, pero sólo contar con datos de tres de ellos. Se pregunta si estos tres subordinados directos representan a todos los demás. Usted puede llegar a querer solicitarles comentarios y sugerencias a otros subordinados directos con el fin de planificar mejor su desarrollo.

- ¿Qué datos de su Informe de comentarios y sugerencias son confusos, incompletos o contradictorios?

_____

_____

_____

_____

_____

- ¿Se le ocurren personas que lo podrían ayudar a clarificar e interpretar sus comentarios y sugerencias? ¿Quiénes son y qué les preguntaría?

_____

_____

_____

_____

_____

_____

_____

- ¿Qué medidas podría tomar para mejorar la calidad de los comentarios y sugerencias que reciba en el futuro?

_____

_____

_____

_____

_____

_____

_____

_____

PASO 5

Concentre sus esfuerzos de desarrollo

Si quiere ser un mejor líder, debe trabajar sobre *todas* Las cinco prácticas de liderazgo ejemplar. Le recomendamos que comience con las áreas en las que necesita mejorar más—ya que a veces resulta más fácil comenzar a mejorar en áreas en las que no participa con mucha frecuencia.

Para mejorar sus áreas con debilidades, use sus fortalezas. Por ejemplo, digamos que su puntaje más bajo está en el Punto 7, "Describe una imagen convincente del futuro", y uno de sus puntajes más altos está en el Punto 9, "Escucha atentamente los diversos puntos de vista". Usted podría usar su fortaleza—escuchar atentamente—para descubrir las esperanzas, sueños, aspiraciones, historias y metáforas favoritas de los demás. A través de la integración de sus esperanzas y sus metáforas en la expresión de una visión del futuro, usted puede transformar esto en una imagen más convincente para los demás.

- ¿Cuál es el área donde más le gustaría concentrar sus esfuerzos para mejorar el uso de Las cinco prácticas de liderazgo ejemplar?

_____

_____

_____

_____

_____

- ¿Qué Práctica representa su más alta prioridad de desarrollo? ¿y cuál la más baja? Ordene las Prácticas según sus prioridades de desarrollo. El uno (1) sería su prioridad más alta y el cinco (5) la más baja.

  _____ Modelar el camino

  _____ Inspirar una visión compartida

  _____ Desafiar el proceso

  _____ Habilitar a los demás para que actúen

  _____ Alentar el corazón

- Vuelva a mirar la página de Calificación de comportamientos de liderazgo de su Informe de comentarios y sugerencias. En los Comportamientos de liderazgo organizados por práctica en las páginas 11 y 12 del presente Libro de tareas, marque con un círculo entre tres y cinco comportamientos que representen sus prioridades más inmediatas.

PASO 6

Imagine su Autoevaluación futura ideal

Dadas las Prácticas y los comportamientos en los que quiere concentrar sus esfuerzos de desarrollo, imagínese que los está aplicando con mucha más efectividad de lo que lo hace actualmente. Describa su imagen ideal de usted mismo con respecto a estas Prácticas y comportamientos. Redacte una afirmación positiva que describa la situación y la manera en la que se comporta.

Por ejemplo, digamos que seleccionó como una de sus áreas de desarrollo, "Describo una imagen convincente de cómo podría ser nuestro futuro". Imagínese a usted mismo dentro de dos años haciendo eso. Usted puede escribir:

"Toda vez que hablo de la dirección de nuestra empresa, la gente comenta qué positivo y entusiasta soy sobre el futuro. Me convertiré en una persona más pacífica no permitiendo que las pequeñas cosas que no puedo controlar me aparten del trabajo; seré realista sobre los hechos pero confiado en las posibilidades, etc."

O digamos que usted seleccionó "Encuentro la forma de celebrar los logros". Imagínese dentro de un año haciendo eso sin ningún esfuerzo. Usted puede escribir:

"Creo que la celebración es una parte esencial de todos los proyectos. También le presto mucha atención a las ocasiones en las que las personas trabajan particularmente duro y en forma espontánea propongo un descanso para ir de picnic al parque, una tarde a ver una película o alguna otra reunión que recargará al grupo de energía. Hay personas de otros departamentos que me piden consejos sobre la forma de celebrar los logros porque se dan cuenta de mi eficacia. Tengo una lista de ideas para celebrar en mi agenda."

- Use los renglones que aparecen a continuación para describir la imagen ideal de usted mismo:

_____

_____

_____

_____

_____

_____

_____

_____

_____

_____

_____

_____

_____

_____

_____

_____

_____

PASO 7

Supere las barreras
y los problemas

Antes de que pueda desarrollar el mejor plan posible para mejorar
como líder, no sólo tiene que comprender los datos, sino también
saber qué lo detiene para mostrar plenamente ese comportamiento.
Antes de elegir las medidas que tomará para mejorar, resulta esencial
que sea honesto con usted mismo sobre cuáles son las cosas que
interfieren en la demostración de dicho comportamiento *actualmente*.
Tal vez actualmente no haga algo porque no sabía que era importante.
Tal vez no posea las habilidades o no haya recibido capacitación para
hacerlo. Tal vez se está resistiendo porque le gusta tener el control
y no quiere cederlo.

- ¿Qué cosas interfieren actualmente en su camino para lograr
  su imagen ideal? Marque cualquiera de las siguientes opciones
  que pudieran actuar como barreras:

  _____ Falta de habilidades

  _____ Falta de capacitación y oportunidades de desarrollo

  _____ Ausencia de un gerente o un clima de apoyo

  _____ Acceso limitado a modelos de buen desempeño

  _____ Pocas oportunidades para hacerse cargo de tareas desafiantes

  _____ Miedo a perder el control de mi equipo

  _____ Miedo a ser visto como una persona débil

  _____ Miedo a que si hago mover peligrosamente el barco ello
  se vea como una amenaza al personal jerárquico

Otras barreras:

_____

_____

_____

_____

_____

- ¿Qué piensa sobre cómo podría superar estas barreras?

_____

_____

_____

_____

_____

_____

- ¿Cómo puede aprovechar y confiar en sus fortalezas para superar las barreras y convertirse en un mejor líder aun?

_____

_____

_____

_____

_____

_____

PASO 8

Planifique los pasos siguientes

Para lograr la imagen ideal de usted mismo como líder, tiene que tomar medidas que lo ayuden a aprender a liderar. Nuestra investigación, al igual que otras, indica que existen tres formas fundamentales para aprender a liderar:

- *Aprendemos de la experiencia.* No hay nada mejor que aprender de la práctica. Ya sea coordinando las reuniones de su equipo o liderando un proyecto especial, cuanto más oportunidades tenga de desempeñarse en funciones de liderazgo, tendrá más posibilidades de desarrollar las habilidades para liderar—y tendrá más posibilidades de aprender las lecciones importantes de liderazgo que surgen de los fracasos y los éxitos de la acción. ¿Qué experiencias necesita vivir para lograr su imagen ideal?

_____

_____

_____

_____

_____

_____

_____

- *Aprendemos del ejemplo.* Otras personas pueden ser excelentes fuentes de orientación: Padres, profesores, vecinos, instructores, asesores, artesanos, amigos, compañeros de trabajo, tutores, gerentes. Piense en las personas que le dieron consejos y le brindaron su apoyo, que lo llenaron de curiosidad, que le permitieron mirarlos mientras trabajaban, que creyeron que tenía posibilidades de triunfar y que le sirvieron de estímulo para dar lo mejor de sí, quienes le ofrecieron comentarios y sugerencias sobre su comportamiento y su impacto y quienes le enseñaron el trabajo. ¿Quiénes pueden servir de modelo de desempeño positivo para ayudarlo a lograr su imagen ideal?

_____

_____

_____

_____

_____

_____

_____

_____

_____

_____

_____

_____

_____

- *Aprendemos en escenarios educativos formales.* La capacitación y otras oportunidades de aprender en las aulas pueden mejorar las posibilidades de triunfar. Hay estudios que muestran que los mejores líderes son los mejores alumnos—no dejan pasar la oportunidad de asistir a un curso cuando esa es la mejor forma de aprender un conocimiento. ¿Qué capacitación formal necesita para lograr su imagen ideal?

_____

_____

_____

_____

_____

_____

_____

_____

_____

_____

_____

_____

_____

La Hoja de trabajo de desarrollo del liderazgo completa de muestra y la hoja de trabajo en blanco que le sigue están diseñadas para servirle de ayuda para seleccionar su estrategia y planificar pasos específicos tendientes a lograr su ideal.

HOJA DE TRABAJO DE DESARROLLO DEL LIDERAZGO
Muestra

Fecha de hoy: 1° *de mayo de 2003*

Período de desarrollo del liderazgo desde el

1° de mayo al *22 de mayo de 2003*

Enfoque de práctica de liderazgo: *Inspirar una visión compartida*

Enfoque de comportamiento de liderazgo:	*7. Describe una imagen convincente del futuro*
Medición del progreso: Convierta su imagen ideal en objetivos medibles	*Sabré que habré alcanzado mi objetivo de mejora para las próximas tres semanas cuando:*

- *Haya escrito una presentación de 5 a 7 minutos sobre mi visión*
- *Mi colega, Terry, me comente que cree que mi afirmación es "convincente"*
- *Mis subordinados directos me comenten que mi afirmación sobre la visión tiene al menos un 3 en una escala de 1 (no convincente en absoluto) a 5 (¡Me adhiero!)*

Estrategia principal de desarrollo:

Marque con un círculo una estrategia principal dentro de estos tres enfoques básicos para el aprendizaje y el desarrollo:

- Experiencia
- Ejemplo
- Educación

Pasos:

Usando su estrategia principal, ¿qué medidas tiene que tomar para lograr su imagen ideal— sus objetivos medibles?

- *Escribo una afirmación sobre mi visión de 5 a 7 minutos*

- Me aseguro de incluir metáforas, ejemplos y otras imágenes relevantes en la afirmación sobre mi visión
- Me siento con Terry, que es la persona que mejor hace esto y le muestro lo que escribí. Me brinda sus comentarios y sugerencias. Hago los cambios correspondientes y la reviso nuevamente con él.
- Le presento a mi equipo la afirmación sobre la visión y les pido que me brinden sus comentarios y sugerencias honestamente
- La reviso nuevamente

Estrategia secundaria de desarrollo:	Pasos:
• Experiencia • Ejemplo • Educación	• Escucho el discurso de Martin Luther King "Tengo un sueño" y tomo notas sobre qué hace para conseguir el apoyo de los demás—sus métodos y el contenido. • Leo el capítulo 6 del libro de Jim Kouzes y Barry Posner, The Leadership Challenge sobre "Integrar a los demás".

HOJA DE TRABAJO DE DESARROLLO DEL LIDERAZGO

Fecha de hoy: _____

Período de desarrollo del liderazgo desde _____ **al** _____

Enfoque de práctica
de liderazgo: _____

Enfoque de comportamiento
de liderazgo: _____

Medición del progreso: _____
Convierta su imagen ideal
en objetivos medibles

_____

_____

_____

_____

_____

_____

_____

_____

_____

Estrategia principal
de desarrollo:

Pasos:

Marque con un círculo una
estrategia principal dentro de
estos tres enfoques básicos
para el aprendizaje
y el desarrollo:

Usando su estrategia principal, ¿qué medidas
tiene que tomar para lograr su imagen ideal—
sus objetivos medibles?

• Experiencia

_____

_____

_____

• Ejemplo

_____

• Educación

_____

_____

_____

_____

_____

_____

_____

_____

_____

_____

**Estrategia secundaria
de desarrollo:**

Pasos:

**Marque con un círculo
una estrategia secundaria:**

• Experiencia

_____

• Ejemplo

_____

• Educación

_____

_____

_____

_____

_____

PASO 9

Asuma un compromiso público

Ahora es tiempo de hacer públicos sus compromisos. De todas las posibilidades que generó, seleccione las más importantes con las que quiera empezar. Esto no va a ser lo único que haga para convertirse en un mejor líder; éstas sólo son las medidas que va a tomar inmediatamente y en las semanas siguientes. Aprender a liderar es una búsqueda de toda la vida y todo lo que le pedimos en este momento es el compromiso de seguir aprendiendo después de esta experiencia.

En la página 33 hay un "Memorando de compromiso" donde puede anotar sus compromisos iniciales de modo tal que pueda "hacerlos públicos".

- Primero, elija un compañero de entre las personas que compartieron esta Clase sobre los comentarios y sugerencias del IPL con usted. A esta persona le escribirá el Memorando de compromiso y hará el seguimiento con ella dentro de tres semanas. (Asegúrese de elegir a su compañero *antes* de comenzar a escribir para asegurarse de que todos tengan un compañero diferente.)

- Una vez que se haya puesto de acuerdo con una persona para ser compañeros, tómese unos minutos para escribir las medidas a tomar a corto plazo—aquellas que pondrá en práctica en las próximas tres semanas.

- Cuando ambos hayan terminado de anotar sus compromisos júntense y comuníquense qué van a hacer. Háganse preguntas para que todo esté claro y asegúrense de entender los compromisos de cada uno para con el otro.

- Acuerden reunirse o hablar por teléfono. (Asegúrense de pedirse los números de teléfono y la dirección de correo electrónico.)

- Envíele a su compañero su Memorando de compromiso para que tenga una copia y así poder revisarla antes de la reunión.

MEMORANDO DE COMPROMISO

Fecha de hoy: _____

Para: [su compañero] _____

De: _____

Re: Mis acciones para el desarrollo del liderazgo

- Para seguir mejorando mis capacidades como líder, me comprometo a tomar las siguientes medidas en los próximos veintiún días:

  _____

  _____

  _____

  _____

  _____

  _____

  _____

- Para comenzar con el proceso, mañana por la mañana daré este primer paso:

  _____

  _____

  _____

  _____

Firma: _____

Teléfono: _____

Dirección de correo electrónico: _____

PASO 10

Prepárese para compartir sus comentarios y sugerencias

Le recomendamos que tome una serie de medidas específicas al regresar a su organización. *Queremos que comparta los comentarios y sugerencias de su IPL.*

Para completar el proceso del IPL, les pidió a los demás que le brinden comentarios y sugerencias sobre las Prácticas de liderazgo. Cuando las personas brindan comentarios y sugerencias, quieren saber que usted valora este obsequio y que piensa hacer algo con el mismo. Lo alentamos a que comparta sus comentarios y sugerencias con aquellas personas que le brindaron este obsequio. Existe un beneficio extra que resulta de compartir sus comentarios y sugerencias. Cuando esté abierto con respecto a cómo lo ven los demás como líder, estará actuando en base a cada una de Las cinco prácticas.

Puede invitar a todas aquellas personas que aportaron sus comentarios y sugerencias a una reunión grupal o puede programar una reunión individual con cada persona. Para decidir qué alternativa elegir, tenga en cuenta su propia comodidad, las normas de la organización y la comodidad de aquellas personas que aportaron sus comentarios y sugerencias.

A continuación se brindan algunos consejos que pueden serle útiles:

- *Prepare una lista de asuntos a tratar de manera que pueda organizar bien la reunión.* Piense en qué quiere decir y cómo quiere decirlo. Piense en cómo les comunicará las cosas a las personas y cómo los hará participar.

- *Programe la reunión.* Es mejor compartir los comentarios y sugerencias de manera organizada, por lo tanto, organice la reunión grupal o las sesiones individuales con tiempo.

- *Dígales a las personas cómo se desarrollará la reunión.* Al comienzo de la reunión, hágales saber a los demás cómo se desarrollará la reunión, cuánto tiempo llevará y qué temas se tratarán.

- *Proteja el anonimato.* Las personas que aportaron sus comentarios y sugerencias asumieron que sus puntajes individuales permanecerían anónimos. La única excepción es su gerente, si él o ella completó el formulario IPL-Evaluador. Por lo tanto, no debe pedirles a los demás bajo ninguna circunstancia que revelen los puntajes que le dieron. Tampoco deben recibir presión por parte de otros para revelarlos.

- *Exprese gratitud.* Comience la reunión diciendo "gracias". Hágales saber a los demás que está agradecido por sus comentarios y sugerencias y por su predisposición para hablar.

- *Describa el modelo.* Haga una breve descripción general de Las cinco prácticas. Para describir el modelo en detalle, le recomendamos que lea el libro *The Leadership Challenge*.

- *Exprese sus sentimientos.* Hágales saber a los demás cómo se siente con respecto a los comentarios y sugerencias que recibió. Expresando sus sentimientos, creará confianza más fácilmente.

- *Muestre sus datos.* Si comparte los números reales (y le recomendamos que lo haga), exhíbalos o reparta copias.

- *Hable sobre las fortalezas (números más altos).* Comience hablando sobre lo que hace bien según los Evaluadores. Cite ejemplos específicos: "Las calificaciones más altas las obtuve en la Práctica de Habilitar a los demás para que actúen. Creo que he demostrado esta Práctica cuando les pedí a Leslie y a Tom que les entreguen el informe anual a los jefes del departamento en lugar de que me lo entreguen a mí. Eso es un ejemplo de Habilitar." Pídales a los demás que compartan sus propios ejemplos específicos. Pregúnteles cómo puede mejorar.

- *Hable sobre oportunidades de mejorar (los números más bajos).* Defina su comprensión y percepción de los comentarios y sugerencias. Cite ejemplos de ocasiones en las que tal vez no se desempeñó tan bien como podría haberlo hecho. Pídales ejemplos específicos a los demás. Luego, proponga que hagan comentarios sobre cómo puede mejorar.

- *Hable sobre la Práctica que muestre la mayor brecha entre los puntajes del IPL-Autoevaluación y el IPL-Evaluador.* Pídales a los demás que lo ayuden a comprender por qué existe una diferencia tan importante entre cómo se ve a sí mismo y cómo lo ven ellos.

- *Exprese agradecimiento.* Dígales a las personas cuán útil ha sido esta reunión para usted y aliéntelos a solicitar comentarios y sugerencias sobre su propio desempeño. Los comentarios y sugerencias resultan esenciales para mejorar lo que hacemos, ya sea que se trate de liderar, escribir un código de software, servirle a un cliente o plantar un árbol. Todos nos beneficiamos al saber cómo nos estamos desempeñando.

ACERCA DE LOS AUTORES

Jim Kouzes es presidente emérito de Tom Peters Company, una empresa de servicios profesionales que inspira a las organizaciones para inventar un nuevo mundo de trabajo utilizando soluciones de capacitación y consultoría de liderazgo. También es miembro ejecutivo del Centro para la innovación y el emprendimiento de la Facultad de Administración de Leavey, Universidad de Santa Clara. **Barry Posner** es decano de la Facultad de Administración de Leavey y profesor de liderazgo en la Universidad de Santa Clara (Silicon Valley, California), donde ha recibido numerosos reconocimientos como docente e innovador, incluidos los más altos reconocimientos como miembro del cuerpo docente de su facultad y de su universidad. Jim y Barry fueron nombrados por el Consejo Internacional de Administración para recibir el prestigioso reconocimiento Wilbur M. McFeely para el año 2001. Este honor los ubica junto a Ken Blanchard, Stephen Covey, Peter Drucker, Edward Deming, Frances Hesselbein, Lee Iacocca, Rosabeth Moss Kanter, Norman Vincent Peale y Tom Peters, quienes recibieron el reconocimiento en ocasiones anteriores.

Además de su libro premiado y éxito de ventas, *The Leadership Challenge: How to Keep Getting Extraordinary Things Done in Organizations (El desafío del liderazgo: cómo lograr que se sigan haciendo cosas extraordinarias en las organizaciones)*, Jim y Barry han sido coautores de *Credibility: How Leaders Gain It and Lose It, Why People Demand It (Credibilidad: cómo la obtienen y la pierden los líderes, por qué la exigen las personas)* (2003), elegido por *Industry Week* como uno de los cinco mejores libros de administración del año, *Encouraging the Heart (Alentar el corazón)* (2003) and *The Leadership Challenge Planner (Planificador del desafío del liderazgo)* (1999). Jim y Barry también han desarrollado el muy aclamado *Inventario de Prácticas de Liderazgo* (IPL), un cuestionario 360 grados que evalúa el comportamiento de liderazgo; el IPL es uno de los instrumentos de evaluación de liderazgo más comúnmente utilizados en el mundo. Más de 150 tesis doctorales y proyectos de investigación académicos se han basado en el modelo de las *Cinco prácticas de liderazgo ejemplar*™ . CRM Learning ha generado una serie de videos sobre el desarrollo del liderazgo y de la administración basados en sus publicaciones.

Jim y Barry son frecuentes oradores en conferencias y cada uno de ellos ha dirigido programas de desarrollo del liderazgo para cientos de organizaciones incluidas: Alcoa, Applied Materials, ARCO, AT&T, Australia Post, Bank of America, Bose, Charles Schwab,

Cisco Systems, Conference Board of Canada, Consumers Energy, Dell Computer, Deloitte Touche, Egon Zehnder International, Federal Express, Gymboree, Hewlett-Packard, IBM, Johnson & Johnson, planes de salud y hospitales de la Fundación Kaiser, Lawrence Livermore National Labs, Leadership Greater Hartford, Levi Strauss & Co., L. L. Bean, 3M, Merck, Mervyn's, Motorola, Network Appliance, Pacific Telesis, Roche Bioscience, Siemens, Sun Microsystems, TRW, Toyota, US Postal Service, United Way y VISA.

Jim Kouzes es considerado uno de los expertos en lugares de trabajo en el libro de George Dixon, *What Works at Work (Lo que funciona en el trabajo): Lessons from the Masters (Lecciones de los maestros)* (1988) y *en Learning Journeys: Top Management Experts Share Hard-Earned Lessons on Becoming Great Mentors and Leaders (Procesos de desarrollo del aprendizaje: Los grandes expertos de la administración comparten lecciones duramente aprendidas acerca de cómo convertirse en grandes mentores y líderes)*, editado por Marshall Goldsmith, Beverly Kaye y Ken Shelton (2000). No sólo es un especialista en liderazgo y un ejecutivo experimentado altamente admirado, sino que además *The Wall Street Journal* lo ha nombrado como uno de los doce docentes ejecutivos no universitarios más solicitados por las empresas estadounidenses. Popular orador en seminarios y conferencias, Jim comparte sus visiones acerca de las prácticas de liderazgo que contribuyen a un alto rendimiento en los individuos y en las organizaciones, e inspira a sus audiencias con prácticas herramientas y consejos sobre liderazgo que pueden aplicar en su trabajo, en sus casas y en sus comunidades.

Jim fue director del Centro de Desarrollo Ejecutivo (EDC, por sus siglas en inglés) de la Universidad de Santa Clara desde 1981 hasta 1987. Bajo su liderazgo, el EDC recibió dos medallas de oro del Consejo para el Desarrollo y Apoyo de la Educación. También fundó el Centro Común para el Desarrollo de los Servicios Humanos en la Universidad Estatal de San José, que administró desde 1972 hasta 1980, y previamente formó parte del personal de la Facultad de Trabajo Social de la Universidad de Texas. Su carrera en capacitación y desarrollo comenzó en 1969 cuando Jim, como parte del equipo urbano de Southwest, dirigió seminarios para el personal y los voluntarios de la Agencia de Acción Comunitaria en el esfuerzo de "la guerra contra la pobreza". Jim obtuvo su título universitario (1967) en ciencias políticas con honores en la Universidad Estatal de Michigan, y un certificado (1974) de la Facultad de Administración de la Universidad Estatal de San José por haber completado la pasantía sobre desarrollo de las organizaciones.

El interés de Jim por el liderazgo comenzó mientras se criaba en Washington, D.C. En 1961, fue uno de los doce Eagle Scouts seleccionados para formar parte de la Guardia de Honor de John F. Kennedy en la asunción presidencial. Inspirado por Kennedy, prestó servicio como voluntario de Peace Corps desde 1967 hasta 1969. Se puede contactar a Jim llamando al 408-978-1809 o escribiendo a jim@kouzesposner.com.

Barry Posner, especialista y educador de reconocimiento internacional, es autor o coautor de más de cien artículos de investigación y artículos enfocados en profesionales en publicaciones como *Academy of Management Journal, Journal of Applied Psychology, Human Relations, Personnel Psychology, IEEE Transaction on Engineering Management, Journal of Business Ethics, California Management Review, Business Horizons* y *Management Review.* Además de sus libros escritos en conjunto con Jim Kouzes, ha sido el coautor de varios libros sobre administración de proyectos, siendo el más reciente de ellos *Checkered*

Flag Projects: Ten Rules for Creating and Managing Projects That Win! (Proyectos de bandera de llegada: ¡Diez reglas para crear y administrar proyectos exitosos!) Barry es parte de la junta de editores del *Journal of Management Inquiry* y del *Journal of Business Ethics*.

Barry obtuvo su título universitario (1970) en ciencias políticas con honores en la Universidad de California, Santa Barbara. Obtuvo su máster en administración pública (1972) en la Universidad Estatal de Ohio y su título de doctorado en comportamiento organizacional y teoría administrativa (1976) en la Universidad de Massachusetts, Amherst. Habiendo trabajado como consultor para una amplia variedad de organizaciones del sector público y privado en todo el mundo, Barry pertenece actualmente al Directorio del American Institute of Architects (AIA). Anteriormente se desempeñó en las juntas de Public Allies, Big Brothers/Big Sisters del Condado de Santa Clara, el Centro para la Excelencia de las Organizaciones sin fines de lucro, la fraternidad Sigma Phi Epsilon y varias empresas nuevas. Previamente se ha desempeñado como decano asociado en programas universitarios y como socio gerente del Centro de Desarrollo Ejecutivo en la Universidad de Santa Clara.

El interés de Barry en el liderazgo comenzó cuando era estudiante durante las agitaciones turbulentas en los campus universitarios a fines de la década del 60, cuando participaba y reflexionaba sobre el equilibrio entre la acción colectiva enérgica y la anarquía caótica y frustrada. En una época, aspiró a convertirse en juez de la Corte Suprema, pero al darse cuenta de que debería estudiar derecho, redirigió sus energías a la comprensión de las personas, los sistemas organizacionales y la liberación del espíritu humano. Se puede contactar a Barry llamando al (408) 554-4523 o escribiendo a bposner@scu.edu.

Se puede encontrar más información sobre Jim y Barry, y sus trabajos, en el sitio web: www.theleadershipchallenge.com.